FACULTÉ DE DROIT DE PARIS

THÈSE

POUR LA LICENCE

PARIS
DE SOYE ET BOUCHET, IMPRIMEURS
PLACE DU PANTHÉON, 2

1854

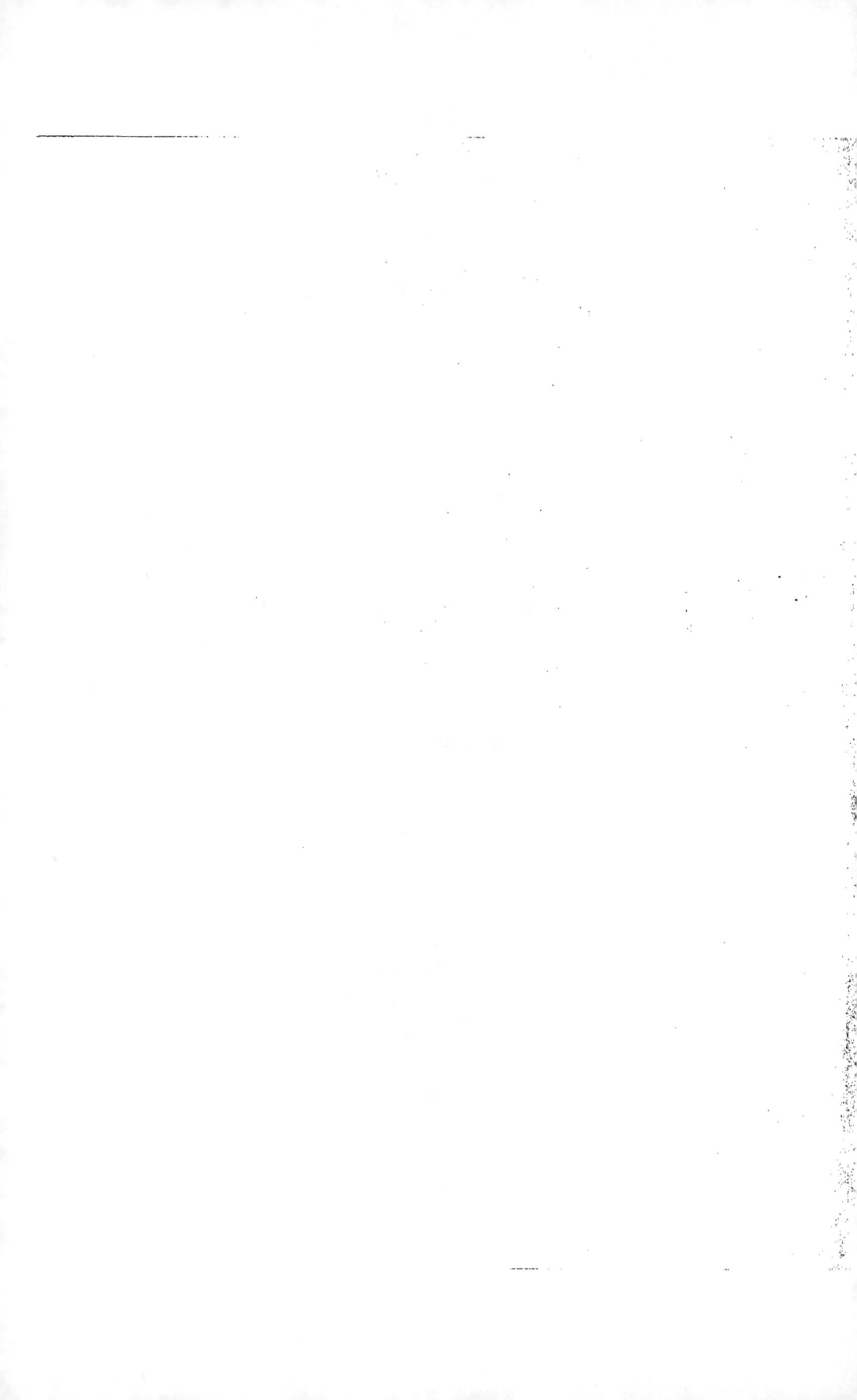

FACULTÉ DE DROIT DE PARIS

THÈSE

POUR LA LICENCE

L'ACTE PUBLIC SUR LES MATIÈRES CI-APRÈS SERA PRÉSENTÉ ET SOUTENU
LE VENDREDI 18 AOUT 1854, A 1 HEURE

PAR HENRI-MARIE-ANATOLE BÉRARD DES GLAJEUX

Né à Ormesson (Seine-et-Oise).

Président : M. OUDOT, *Professeur.*

Suffragants : MM. VUATRIN,
MACHELARD, } *Professeurs.*
ROUSTAIN,
DURANTON, } *Suppléants.*

Le Candidat répondra en outre aux questions qui lui seront faites
sur les autres matières de l'enseignement.

PARIS
DE SOYE ET BOUCHET, IMPRIMEURS
PLACE DU PANTHÉON, 2

1854

A MON PÈRE

JUS ROMANUM

DE JUREJURANDO ET DE IN LITEM JUREJURANDO

(Digeste, livre XII, titres ii et iii.)

Ex historia patet quanta auctoritate apud Romanos invalesceret jurisjurandi Religio. Idcirco in expediendis litibus maximum remedium in usum venerat. Nec ulla jurandi forma necessario adhibenda erat : per Deum, per genium Principis, per salutem suam aut liberorum suorum, et omni licito modo per quem volebat quis sibi jurari, jurare fas erat. Inde concludendum est jusjurandum immerito numinis invocationem fuisse definitum : *Adfirmationem sanctam* cum Tullio potius illud esse dixerim.

Ex duplici vero fonte jusjurandum oriri potest, nempe ex auctoritate judicis, vel ex ipsorum litigatorum pactione. Ambo ex ordine dispiciamus.

1. — DE JUREJURANDO QUOD EX AUCTORITATE JUDICIS PENDET, SIVÈ JUDICIALI.

Jusjurandum judiciale illud est quod ipse judex, ob inopiam probationum, alteri litigatorum ad decisionem causæ defert. Nihil autem aliud est nisi probatio quædam quam judex adhibere potest ut detegat veritatem. Igitur si quæ sententia, jurejurando a judice delato pronuncietur, nullo modo a cæteris sententiis differt, iisdemque causis retractanda est, veluti si quis nova instrumenta inveniat, quibus nunc solis usurus est.

In dubiis tantum causis et inopia jusjurandum a judice defertur. Undè *suppletorium* quoque appellatur.

Juramentum in litem, velut species a genere, a judiciali juramento differt. Hoc enim judex actori defert, rei in judicium deductæ æstimandæ causa. Sed imprimis observandum est ob dolum solum in litem jurandum esse, non etiam ob culpam : si culpa tantum punitur, ipse judex æstimare debet id quod actoris intersit. Quid sit autem *veritatis* juramentum, non videmus.

In actionibus in rem et in ad exhibendum et in bonæ fidei judiciis in litem juratur, quotiescumque dolussit, nec certum quid debeatur : interdum etiam in actione stricti juris. (Lex V, p. 4.)

Nemo in litem jurare admittitur, nisi qui dominus litis est, vel in loco domini.

Jurare in infinitum licet. Sed cum in arbitrio judicis sit deferre jusjurandum nec ne, sequitur ut et taxationem jurisjurandi addicere possit.

Etsi juratum fuerit, licet judici vel absolvere, vel minoris condamnare, scilicet ex magna causa et repertis postea probationibus.

II. — DE JUREJURANDO QUOD EX IPSA LITIGATORUM PACTIONE PENDET, CUM NECESSARIO, TUM VOLUNTARIO.

E litigatorum pactione jusjurandum pendet, cum alter, altero jurante, se victum fateatur. Jusjurandum istud modo rei judicatæ vicem obtinet, modo solutionis vel etiam acceptilationis : imo *transactionis speciem* ut Paulus ait, continet, et quæ transactionis, eadem jurijurando regulæ applicandæ sunt : idcirco :

1° Jusjurandum neque doli mali replicatione cadit, neque perjurii prætextu, neque novorum instrumentorum inventione, unde etiam majorem habet auctoritatem quam res judicata. In quibusdam tamen casibus potest infirmari, veluti si minor viginti quinque annis delatione jurisjurandi captum se probet, aut si quis, fraudandorum creditorum causa, jusjurandum debitori, vel creditori detulerit.

2° Jusjurandum et ad pecunias et ad omnes res locum habet. Deferri etiam valet de personarum conditione. In causis tamen ingenuitatis, si quis juret se patronum esse, distinguendum est. Non patronus est quantum ad successionem, nam jusjurandum patronum non facit, sed tamen non potest absque venia in jus vocari.

3° Is autem jusjurandum deferre potest, cui rerum administrandarum jus competit. Hinc pupillus sine tutoris auctoritate jusjurandum deferre non valet. Simili ratione prodigus audiendus non est. Jusjurandum a tutore delatum, vel a curatore furiosi aut prodigi ratum habendum est, *nam et alienare res et solvi eis potest, et agendo rem in judicium deducunt.* Tutori vero non alias jusjurandum deferre licet, nisi pupillo expediat, id est omnibus probationibus aliis deficientibus. Procuratores non recte deferunt nisi speciale ad id mandatum habeant, aut si universorum bonorum administrationem sustineant, sive in rem suam procuratores sint.

Servi de negotio domini jusjurandum deferentes, conditionem ejus deteriorem non faciunt. Idem de filiisfamilias dicendum est. Quod si de peculio agatur, distinguendum.

4° Cuilibet jurare licet, dummodo rerum suarum administrationem habeat. Idcirco nec patrono nec parenti jusjurandum remittitur. Non defertur tamen iis qui probabilem ignorantiam allegare possunt ejus rei de qua agitur, velut hæredi aut tutori.

Hæc quidem omnia ab illo fonte fluunt, quod jurejurando transactum sit negotium. Istud solum vero jusjurandum valet, quod quis, conditione delata, præstiterit. Nam si reus juraverit, nemine ei jusjurandum deferente, sibi soli juravit. Item irritum est, si non in momento præstetur, vel in præfixo tempore, quia ex eo quod delatum est, juratum non est. Denique ex antiquo more, apud Romanos recepto, nemo jusjurandum alteri deferre valet, nisi prius ipse de calumnia juraverit, cum hoc exigatur. Patrono et parenti an juramentum de calumnia remittatur, ambiguum.

Remissum jusjurandum pro præstito habetur.

Superest nunc ut de jurisjurandi effectibus tractemus. Multum autem interest, prout in judicio vel extra judicium deferatur. Nam cum in judicio defertur, judex testis est, et statim jurisjurandi sive præstiti, seu recusati, effectus applicat : sin, extra judicium, prius an juratum fuerit, videndum. Quare in priori casu jusjurandum *necessarium* esse discerim, quia altera pars ab eo discedere nequit, in posteriori *voluntarium*, eo quod a mera partium conventione proficiscitur.

1° *De jurejurando necessario.*

Cum jusjurandum necessarium ab altera parte defertur, is a quo petitur necesse habet jurare, nisi adversario referre malit, alioquin causa cadit. Etenim *manifestæ turpitudinis est nolle nec jurare, nec jusjurandum referre.*

Regulariter vero tale refertur, quale delatum.

Deferri jusjurandum potest cum in jure, tum in judicio. Si quidem in jure deferatur, vel reo ab actore defertur, vel actori a reo : si reus deferat, nec actor juret, judicium ei prætor non dabit : si contra actor deferat, nec reus juret, reus condemnabitur.

Cum autem in judicio res agitur, judex jurantem absolvit, referentem audiet, et, si actor juret, condemnet reum : nolentem jurare reum condemnat.

2° *De jurejurando voluntario.*

Si de jurejurando inter partes non ambigitur, idem est ac si publice jusjurandum susceptum fuerit, nec actionem dat prætor.

Si de jurejurando controversia sit, inquirere debet judex an vere juratum sit. Propter hoc prætor jurisjurandi actionem actori dat, reo autem exceptionem.

1° *Exceptio jurisjurandi* reo et illis qui in locum ejus succedunt competit. Non tantum si ea actione quis utatur, cujus nomine exegit jusjurandum opponi debet, sed etiam si alia, dummodo eadem quæstio in hoc judicium deducatur. Sin autem in nova actione alia quæstio moveatur, exceptio jurisjurandi locum non habet.

Cum jusjurandum perpetuam reo exceptionem pariat, quo-

tiescunque eadem versatur quæstio, in loco solutionis cedit.
Solutio autem non est, quia non ipso jure reum liberat.

Regulariter exceptionem, interdum etiam actionem jusjurandum reo parit. (Fr. II, pr.)

2° Jurejurando a debitore delato vel relato, si præstitum
vel remissum sit, in *factum* actio actori competit. In qua
hoc solum quæritur an actor juraverit dari sibi oportere
aut si jusjurandum remissum sit.

Quod juratum est perinde habetur ac si probatum; idcirco
in actione utili illud venit quod veniret in actione directa.
Quibusque casibus cessaret actio directa, cessat etiam actio
utilis. Cæterum hæc actio perpetua est.

Interdum jusjurandum actoris adversus eum utilem actionem reo parit.

Superest ut videamus inter quas personas jusjurandum,
sive necessarium, sive voluntarium, efficax esse debeat.

Prodest quidem jusjurandum non solum ei qui juravit,
sed et omni alii ad quem res pertinet, sive in rem, sive in
universum jus successerit.

Jusjurandum loco solutionis cedit : unde ex duobus reis
promittendi, si alter juraverit, alteri quoque proderit.

Quod reus juravit, prodest fidejussori. Simili ratione jusjurandum a fidejussore exactum reo utile est.

Hæc tamen ita sunt si in rem juratum sit : secus si de ju-
rantis tantum persona.

Proficiet etiam mihi jusjurandum quod quis meo nomine,
adversario deferente præstitit. Utrum procurator actionem
domino pariat dubium est.

Non debet aliis nocere quod inter alios actum est. Itaque
jusjurandum iis dunt axat nocet, adversus quos juratum est,
iisque qui in locum eorum successerunt aut qui ejusdem
obligationis creditores sunt. Quapropter « in duobus reis sti-

pulandi, ab altero delatum jusjurandum etiam alteri noce-
bit. » (Fr. 28, p. 3.)

POSITIONES

I. Juramentum veritatis ab interpretibus juris humani
fictum est.

II. Utrum jusjurandum æstimatorium in causa tutelæ ad-
mitti possit, et quare possit præstari?

III. Concilientur Lex 20 § 2 de Jurejurando et Lex 5 § 2 de
Peculio.

IV. An patrono et parenti juramentum de calumnia remittatur?

V. An procurator sibi vel domino jurisjurandi actionem
pariat?

VI. An fidejussor, pupillo jurante, obligatus maneat?

DROIT FRANÇAIS

DES PRÉSOMPTIONS, DE L'AVEU ET DU SERMENT.

Les lois ont pour effet de créer des droits au profit des personnes et d'en assurer l'exécution. Mais celles-ci ne peuvent s'en prévaloir, qu'en établissant l'existence du droit lui-même, et le tort qu'elles ont éprouvé. De là la théorie des preuves.

Les preuves en matière judiciaire sont donc les moyens légaux d'arriver à la connaissance de la vérité. Au criminel, le législateur les a souvent abandonnées à la conscience des juges. Au civil, il les a sévèrement limitées. L'art 1316 énumère cinq genres de Preuves, la *Preuve littérale*, la *Preuve testimoniale*, les *Présomptions*, l'*Aveu* et le *Serment*. Mais, outre que cette énumération est incomplète, elle ne présente pas les preuves dans un ordre méthodique.

Nous les diviserons en trois grandes clases. 1° Expérimentation directe du juge. — 2° Induction résultant de la déclaration de l'homme. — 3° Induction résultant de tout autre fait que la déclaration de l'homme. La 1re classe comprend les expertises, les descentes sur les lieux, et tout ce que le juge peut attester *propriis sensibus*. La 2e renferme les preuves proprement dites, c'est-à-dire les inductions tirées de la déclaration de l'homme. Elles empruntent toute leur force à la snicérité de leur auteur. Enfin les inductions résultant de tout autre fait que la déclaration de l'homme, constituent les présomptions, mode de preuve inférieur aux deux autres, que la loi a tantôt abandonné à la prudence des magistrats, tantôt réglé elle-même.

Nous n'avons à traiter parmi les preuves que l'aveu et le serment. Nous verrons ensuite les présomptions.

DE L'AVEU.

L'aveu est la reconnaissance que fait la partie du droit de son adversaire. Il doit être fait par la partie elle-même, ou par un fondé de procuration spéciale. Ni l'avoué, ni l'avocat n'ont le droit de faire un aveu.

L'aveu est judiciaire ou extra-judiciaire.

I. L'aveu judiciaire, étant le mode de preuve le plus énergique, supplée au défaut de toutes les autres, et fait pleine foi par lui-même. Il peut être rétracté, tant que l'autre partie n'a pas déclaré qu'elle l'acceptait.

La règle de l'indivisibilité de l'aveu présente quelque difficulté. L'aveu est indivisible en ce sens que celui qui invoque, comme preuve, la déclaration de son adversaire ne peut la scinder : il doit la prendre telle qu'elle est. Mais dans quel cas s'applique cette indivisibilité? On a divisé l'aveu en qualifié et connexe. L'aveu qualifié est toujours indivisible : l'aveu connexe n'est indivisible, qu'autant qu'il y a rapport direct entre les deux déclarations. Par exemple, il a été jugé que le principe de l'indivisibilité ne s'appliquait pas lorsque la partie, en avouant la dette, ajoutait qu'elle était éteinte par la compensation. Il est également inapplicable, s'il y a deux aveux consécutifs et distincts. Mais on doit repousser la doctrine de l'ancienne jurisprudence qui permettait au juge d'exclure de l'aveu ce qui lui paraissait une invraisemblance ou un mensonge.

L'erreur de fait vicie l'aveu *qui errat non fatetur :* il en est autrement de l'erreur de droit; la loi n'admet pas celui qui a fait un aveu à le rétracter, sous prétexte qu'il a commis une erreur sur le droit. Car cette erreur n'a pas été la cause de son aveu et ne peut être un sujet d'excuse.

L'aveu peut encore être rétracté, si on prouve qu'il est sans cause, car il n'est que la reconnaissance d'une obligation préexistante. Or, si l'obligation n'existe pas, ou si elle est illicite ou immorale, l'aveu n'aura aucun effet. Ceci s'applique même au cas où il y aurait dans l'aveu erreur de droit, par exemple si quelqu'un promet de payer comme héritier, parce qu'il croit la représentation admise à l'infini. Quoiqu'il y ait erreur de droit, l'aveu n'en sera pas moins sujet à rétractation, car il est sans cause. Il faut donc en conclure que l'aveu suppose toujours une obligation au moins naturelle.

L'aveu fait devant un tribunal incompétent *ratione materiæ* ne vaut que comme acte extra-judiciaire. S'il est fait devant un tribunal incompétent *ratione personæ*, il est valable.

L'aveu doit être fait par une personne capable de s'obliger toutes les fois qu'il renferme une obligation.

II. L'aveu extra-judiciaire est celui qui est fait hors justice, soit par une lettre, soit dans une conversation, soit dans tout autre acte qui n'avait pas pour objet de servir de preuve : car les déclarations faites dans les actes authentiques ou sous seing-privé sont l'objet de règles spéciales.

Les anciens jurisconsultes distinguaient, quant à la force probante de l'aveu extra-judiciaire, s'il avait été fait en présence de la partie ou sans elle. Cette question, celle de l'indivisibilité et de la révocabilité sont laissées à l'arbitrage du juge, car l'autorité de l'aveu extra-judiciaire est toute relative.

Les règles de la preuve testimoniale sont applicables à l'aveu purement verbal.

L'aveu judiciaire est *forcé*, quand il résulte soit de l'interrogatoire sur faits et articles (art. 324 et suiv. Pr.), soit de la comparution personnelle des parties.

DU SERMENT

Le serment est un acte religieux et civil par lequel on prend Dieu à témoin de la vérité d'un fait, ou de la sincérité d'une promesse. Il a sa base dans la nécessité de fixer l'inconstance et la légèreté des hommes, par une déclaration plus solennelle, par la crainte de la justice divine. D'où il suit qu'il n'offre de garantie qu'entre les hommes religieux.

Le serment est *promissoire,* quand il affermit un engagement, tel est celui des fonctionnaires publics, des témoins, experts, etc.; et *affirmatif* quand il garantit l'existence d'un fait présent ou passé.

Le serment affirmatif est de deux sortes, *décisoire* ou *supplétoire.*

I. — Le serment décisoire extra-judiciaire est une transaction subordonnée à la prestation du serment. C'est une convention; par conséquent : 1° Elle doit être acceptée par les parties; 2° Elle doit être remplie, lorsqu'elle a été faite, et donne lieu à des dommages-intérêts en cas d'inexécution; 3° les choses étant réglées par la convention, le serment déféré ne peut être referé.

Le serment prêté au bureau de conciliation est *extra-judiciaire*. Le refus de le prêter n'indique que l'intention de ne pas se concilier. Ce refus doit être mentionné, parce que c'est une présomption de l'homme qui pourra servir au juge.

Lorsque le serment déféré et accepté est judiciaire, il s'opère une transaction entre les parties, et cette transaction est la cause de l'efficacité du serment. Si celui auquel le serment est déféré ne veut pas le prêter, il n'y a pas transaction, mais celui qui refuse de prêter serment doit être condamné par un motif d'équité, car il ne peut se plaindre qu'on le fasse juge et témoin dans sa cause, et il avoue que sa cause est mauvaise, en refusant de jurer qu'elle est bonne.

Le serment une fois prêté, on ne peut en prouver la fausseté, car la délation du serment est une transaction, et les transactions sont irrévocables. Mais le ministère public a le droit de poursuivre comme parjure celui qui a prêté un faux serment et de le faire condamner à la dégradation civique. (Art. 366 C. pénal.)

Par cela même que le serment est une transaction, il suit que les parties peuvent en demander la nullité s'il ne renferme pas toutes les conditions voulues pour la transaction, par exemple s'il a été prêté par dol, violence, etc.

En vertu du même principe, nous devons conclure que, si le parjure est poursuivi au criminel, l'adversaire ne peut pas se porter partie civile au débat, car c'est la même chose que si le volé avait transigé avec le voleur. Mais, au-dessus de

150 fr., le ministère public peut-il prouver par témoins la fausseté du serment, quand il n'existe pas de commencement de preuve par écrit? La raison de douter vient de ce que la fausseté du serment ne peut résulter que de l'existence d'un fait civil pour lequel la preuve testimoniale n'est plus recevable après 150 fr.

Le serment ne peut être déféré que sur un fait personnel à celui qui doit le prêter. En effet, il n'y a que l'auteur d'un fait qui soit obligé de le savoir. Mais on peut le déférer aux héritiers sur la question de savoir s'ils n'ont pas eu connaissance du fait. (Art. 2275 et 159 Comm.)

Le serment ne peut être déféré que par ceux qui ont le pouvoir de transiger et sur les choses qui font la matière d'une transaction. Les auteurs sont partagés pour décider s'il peut être déféré contre l'authenticité d'un acte avant l'inscription de faux.

Les mineurs, femmes et interdits ne peuvent déférer le serment : le mineur émancipé et la femme séparée de biens le peuvent dans les limites de leur capacité. Quant au tuteur, il a le droit de le déférer dans les matières d'administration et s'il y a utilité pour le pupille, sinon celui-ci a droit à la requête civile.

Lorsque l'une des parties a complétement prouvé sa demande ou son exception, l'autre peut néanmoins lui déférer le serment. Autrement on confondrait le serment décisoire avec le serment supplétoire.

Le serment est une transaction soumise à une condition, la prestation du serment. Il faut donc appliquer au serment les règles des obligations conditionnelles. Or, le principe est que l'obligation conditionnelle s'éteint toutes les fois que la condition ne s'est pas accomplie, à moins que le défaut d'accomplissement ne vienne de l'adversaire. Donc, nous devons décider que la prestation du serment ne pouvant s'accomplir par la mort de celui auquel il a été déféré, la convention est résolue. Cette règle souffrira exception, et le serment sera tenu pour prêté, quand ce sera le dol de l'adversaire qui aura empêché la prestation.

Le serment, comme toutes les conventions, n'a d'effet qu'entre les parties contractantes, leurs héritiers et ayant cause. Les lois romaines l'assimilent à un paiement : si donc il est déféré à la caution, il libère le débiteur : s'il est déféré au débiteur principal, il libère la caution : s'il est déféré à l'un des débiteurs solidaires, il libère tous les autres. Il semble que la même règle devait être observée à l'égard des créanciers solidaires; mais ceux-ci ne reçoivent mandat que pour accroître et non pour diminuer la créance commune. La délation de serment est assimilée à la remise. Or, la remise que fait l'un des créanciers solidaires ne nuit qu'à lui seul. Si le créancier solidaire prête serment au lieu de le déférer, le serment qu'il a prêté profite à tous.

II. — Le *serment supplétoire* peut être déféré à l'une ou à l'autre des parties, au choix du juge. Dans les art. 1715, 1716 et 1781, la loi a fixé elle-même celle des parties à laquelle le juge devait déférer le serment. En règle générale, c'est au défendeur : le demandeur ne peut se plaindre, puisque de toute façon il eût été condamné. Mais ce principe souffre des exceptions en raison des personnes et en raison des circonstances de la cause.

Le serment décisoire est une transaction : le serment supplétoire un moyen de preuve laissé au juge. Il en résulte plusieurs différences importantes :

1° Le jugement qui ordonne un serment supplétoire peut être frappé d'appel et infirmé. La Cour jugera qu'il n'y a pas lieu au serment : elle peut même le déférer à l'autre partie. Cela ne fait pas difficulté, si la prestation du serment n'a pas eu lieu; mais la prestation du serment sera-t-elle un acquiescement qui rendra la partie non recevable à interjeter appel? Nous ne le pensons pas.

2° Le serment supplétoire pourra être rétracté pour dol, art. 480 1° C. de Pr. Le dol consistera dans la prestation du faux serment.

Le serment *in litem* est déféré au demandeur, car il a déjà prouvé son droit. Pour limiter la somme jusqu'à concurrence de laquelle il sera cru sur son serment, le juge s'éclaire par la commune renommée.

Le Code de Procédure, art. 120 et 121, exige trois choses pour la prestation du serment : 1° un jugement qui énonce les faits sur lesquels le serment sera prêté ; 2° la prestation personnelle de la partie ; 3° la présence de l'adversaire, ou sa mise en demeure par acte d'avoué ou par exploit.

DES PRÉSOMPTIONS

Les présomptions sont définies par l'article 1349 la *conséquence que la loi ou le magistrat tire d'un fait connu à un fait inconnu.* Cette définition s'applique aux preuves aussi bien qu'aux présomptions. Le caractère distinctif des présomptions, ce qui les sépare des preuves, c'est que le fait inconnu qu'elles établissent n'est que la conséquence indirecte, probable, du fait connu qui leur sert de point de départ : dans les preuves, au contraire, le fait connu est l'attestation même du fait inconnu. Il en résulte qu'en matière de présomptions l'esprit a besoin du raisonnement pour saisir la liaison qui existe entre la vérité connue et celle qu'il cherche ; dans les preuves, au contraire, le fait inconnu découle si naturellement du fait connu, qu'il faut un effort de l'esprit pour voir qu'il n'y a là qu'une conséquence. De là, l'infériorité des présomptions sur les preuves, et leur danger.

Les présomptions sont de deux sortes, les présomptions légales et celles qui sont abandonnées à la prudence du magistrat.

Quant à ces dernières, il suffit de remarquer que le juge n'est autorisé à les suivre que dans les affaires où la preuve testimoniale est admissible. En effet, au-dessus de 150 francs, la loi veut que les parties rédigent un écrit, pour éviter les procès : or, elle n'atteindrait pas ce but, si, à défaut d'écrit, la cause pouvait être décidée d'après de simples présomptions.

Les présomptions doivent être graves, précises, concordantes. Il n'est pas nécessaire qu'il y en ait plusieurs. Une seule suffirait.

I. — Les présomptions légales sont celles que la loi attache à certains actes ou à certains faits. Le Code les a rangées dans quatre catégories. Une seule des présomptions indiquées par le Code présente une difficulté, c'est la force que la loi attache à l'aveu de la partie ou à son serment. D'après l'article 1316, l'aveu et le serment sont des preuves : l'article 1350 les met au rang des présomptions. Lequel faut-il croire? — Quant à l'aveu, d'abord, il est évident que ce n'est pas une présomption : car si on ne croit pas la partie, quand elle avoue un fait, quelle preuve admettra-t-on? D'ailleurs, la preuve littérale n'est autre chose qu'un aveu par écrit : or, si on admet l'écrit comme preuve, a fortiori doit-on admettre l'aveu qui est fait oralement devant le juge. Pour le serment, il peut être considéré comme une présomption, dans le cas où la partie à laquelle il est déféré refuse de le prêter ou de le référer ; car de son silence, la loi conclut à l'absence de son droit. Mais quand elle jure, son serment est une déclaration qui tire toute sa force de la convention. Aussi, dans ce cas, le serment est-il plutôt une transaction qu'une preuve.

Il y a d'autres présomptions qui ne rentrent dans aucune des quatre catégories de l'art. 1350. Telles sont : 1° la présomption de paternité, art. 312 ; 2° les présomptions de survie, art. 721 et 722, et celles des art. 1, 1082, 1064 du *Code Napoléon*, 117 et 636 du *Code de Commerce*. Il suffit de les indiquer.

II. Les présomptions légales ont pour effet de dispenser de toute preuve celui au profit duquel elles existent ; mais peuvent-elles être combattues par la preuve contraire ? En principe, les présomptions légales tombent devant la preuve contraire. Dans deux cas, la preuve contraire est interdite : c'est lorsque la loi annulle certains actes, comme présumés faits en fraude de ses dispositions, ou qu'elle dénie l'action en justice. Dans ces deux cas, en effet, l'intérêt public doit toujours l'emporter et la règle générale être maintenue, même si elle était injuste. Encore ce principe lui-même trouve-t-il une exception, lorsque la loi a réservé la preuve contraire ; elle l'a fait dans plusieurs cas où elle avait dénié l'action, témoins l'art. 1283, les art. 312, 2279, etc., etc. Ainsi il y a des présomptions simples contre lesquelles la preuve contraire est toujours admise, des présomptions absolues contre lesquelles elle n'est jamais admise, et une autre classe de présomptions absolues par leur nature que la loi permet exceptionnellement de combattre par la preuve contraire.

Il nous reste à examiner si l'aveu et le serment sont des modes de preuves spéciaux, que la loi réserve toujours contre les présomptions absolues. On l'a conclu des derniers mots de l'art. 1352 : *sauf ce qui sera dit sur l'aveu et le serment.*

En effet, ou ces derniers mots se rattachent au 4° de l'art. 1350 et consacrent la théorie qui range l'aveu et le serment dans la classe des présomptions légales, ou ils forment une seconde exception à l'autorité absolue des présomptions de la loi. Or, le premier sens est inadmissible, car ni l'aveu ni le serment ne sont des présomptions. Donc, il faut en conclure que ces mots n'ont aucun sens, ou qu'ils consacrent une exception. Cette exception devait être restreinte dans les mêmes limites que l'aveu et le serment, c'est-à-dire dans les matières d'intérêt privé.

Après avoir vu l'énumération des présomptions et leurs effets, il nous reste à examiner les particularités que présente la plus importante de ces présomptions, celle qui résulte de l'autorité de la chose jugée.

DE L'AUTORITÉ DE LA CHOSE JUGÉE.

L'autorité de la chose jugée n'est qu'une présomption car le juge peut s'être trompé. Mais c'est une présomption qui intéresse la société, car les décisions de la justice doivent être respectées, et les procès doivent avoir une fin. De là son importance. *Status reipublicæ maxime judicatis rebus continetur.* (Cicéro. *Orat. pro Sylla.* cap. 22).

I. L'autorité de la chose jugée n'appartient qu'aux jugements définitifs. Il faut donc exclure les jugements provisoires, préparatoires et interlocutoires qui ne contiennent pas une solution définitive de l'affaire. A l'égard des jugements définitifs eux-mêmes, l'ordonnance de 1686 donnait force de chose jugée à ceux qui étaient rendus en dernier ressort, dont on n'avait pas appelé ou dont l'appel n'était plus recevable. Dans le langage du Code de procédure, un jugement passé en force de chose jugée est celui qui ne peut plus être attaqué par les voies ordinaires. Nous pensons que le principe de l'ordonnance de 1686 doit être maintenu, car la présomption de justice et de vérité, qui sert de base à l'autorité de la chose jugée, existe également pour tous les jugements définitifs. Cette présomption a seulement une plus ou moins grande énergie, suivant que la décision est attaquable par la voie ordinaire ou par voie extraordinaire seulement.

Les jugements rendus en pays étranger n'ont force de chose jugée en France que s'ils ont été rendus entre des étrangers. Ce point était ainsi décidé par l'art. 21 de l'ordonnance de 1629, que rien n'a abrogé.

II. Les conditions nécessaires pour que l'autorité de la chose jugée soit opposable sont l'identité de l'objet, de la cause et des parties.

1° *Identité de l'objet.* — Les Romains résumaient cette idée dans ces trois mots : *idem corpus, eodem quantitas, idem jus.* Les questions que soulève l'identité de l'objet se résolvent en fait pour la plupart. Cependant on peut donner comme règle que la chose jugée sera la même toutes les fois qu'une nouvelle décision ne peut que confirmer ou infirmer la première.

Dans les difficultés qui s'élèvent pour savoir si, après avoir demandé le plus on peut demander le moins, il faut toujours considérer si ce qu'on réclame était contenu dans la première demande ; l'action nouvelle n'est recevable qu'autant que l'on réclame un droit d'une autre nature.

2° *Identité de cause.* — La cause est le principe générateur du droit. C'est le fondement de la demande. L'article 61 C. de procédure, en exigeant que l'exploit contînt la cause de la demande, a supprimé les condamnations qui avaient un caractère absolu en matière réelle.

3° *Identité des parties.* — Ce n'est pas à un tel pris individuellement qu'il faut s'attacher, mais à la personne juridique. Ce qui est jugé contre le mari, le tuteur, l'envoyé en possession provisoire, est jugé contre la femme, le mineur, l'absent. Ce qui est jugé contre le tuteur en cette qualité ne l'est pas contre lui personnellement.

A l'égard des personnes qui n'ont pas mandat de se représenter, mais qui sont unies par l'effet d'un contrat, il faut faire plusieurs distinctions. En matière de cautionnement, le jugement rendu au profit du débiteur profite à la caution; le jugement rendu contre le débiteur ne lui est pas opposable. Si c'est la caution qui est en cause, le débiteur ne souffre pas des condamnations prononcées contre elle, lorsqu'il prouve qu'il aurait pu les empêcher, et il ne peut se prévaloir des jugements rendus en sa faveur.

En matière de solidarité, le jugement rendu contre l'un des débiteurs ou des créanciers solidaires ne nuit pas aux autres, car ils n'ont mandat que pour faire ce qui est utile. Le jugement, favorable à l'un, peut être invoqué par les autres. La règle, en cette matière, est que le jugement doit être assimilé à une remise judiciaire.

QUESTIONS.

I. Le droit de faire aveu est-il compris dans le mandat donné à l'avoué? — Non.

II. L'aveu peut-il être rétracté, tant que l'adversaire n'a pas accepté? — Oui.

III. Les exceptions de l'ancienne jurisprudence à l'indivisibilité de l'aveu sont-elles en vigueur? — Non.

IV. Le refus de prêter serment en conciliation entraîne-t-il la condamnation du défendeur? — Non.

V. La partie contre laquelle le faux serment a été prêté peut-elle se porter partie civile? — Non.

VI. Le ministère public peut-il prouver la fausseté du serment au-dessus de 150 fr., s'il n'y a pas d'écrit? — Oui.

VII. Lorsque l'une des parties a prouvé sa demande ou son exception, l'autre peut-elle déférer le serment. — Oui.

VIII. Si la partie meurt avant d'avoir prêté serment, sera-t-il tenu pour prêté? — Non.

IX. L'acquiescement au jugement qui ordonne le serment supplétoire, résulte-t-il de la prestation? — Non.

X. L'aveu et le serment sont-ils admis contre les présomptions de la loi? — Oui.

XI. Un jugement attaquable par les voies ordinaires a-t-il force de chose jugée tant que le recours n'est pas formé? — Oui.

XII. Les jugements rendus en pays étrangers, entre des étrangers, ont-ils force de chose jugée en France? — Oui.

Vu par le président de la Thèse :
OUDOT.

Vu par le doyen :
C.-A. PELLAT.

Paris. — DE SOYE et BOUCKET, imprimeurs, 2, place du Panthéon.

www.ingramcontent.com/pod-product-compliance
Lightning Source LLC
Chambersburg PA
CBHW070151200326
41520CB00018B/5366